AF099567

Une torche allumée
au cœur des crocs

Du même auteur

À la limite du désert, Les Chemins de Traverse, 2001

L'amour domine la solitude, Les Éditions du Net, 2013

Du sentiment à perdre, Éditions BoD, 2014

Chant de ruines, Éditions BoD, 2015

Un blog notes ouvert en novembre 2011 :
http://cdicollegenovalaise.over-blog.com

© Pascal Verbaere, 2018.

Pascal Verbaere

Une torche allumée au cœur des crocs

BoD

Éditeur : BoD – Books on Demand,
12/14 rond-point des Champs-Élysées,
75008 Paris, France

ISBN : 9782322120222

Le tombeau sur la branche

La racine paternelle s'est envolée,
Je ressemble au saule pleureur.
Tu as raison, Johnny, la plaie sert à chanter :
Ô Marie, fais-moi renaître à la hauteur.

Sauvegarde

Les yeux à la coque de portable
N'émettent aucune étoile. La mine
Assombrie, sans faim de carrière, j'élimine
Tout ce qui brouille la belle époque à table.

Passage obligé

J'ai le droit de ne pas me nourrir
De ces sourires béants au tiroir-caisse.
Je leur ai pourtant rendu la pareille, à remplir
Moi aussi mon caddie. Vilain copieur, encaisse.

Déshonorés de Balzac

La bibliothèque porte toujours l'accent circonflexe
Et pousse encore des écrits en petits caractères.
Les adolescents avancent circonspects. L'index
Fait défaut. Comment vivre une langue qui enterre ?

Un mauvais parti

Mignonne, n'allons pas voir si la rose
Exhale pour nous le parfum de l'amour.
Mon cœur reste bon à jeter aux orties. Morose
Comme le ciel du plat pays, j'habite à jamais côté cour.

Tambour !

Un homme de plume s'évertue à éteindre le jour
Que la vie veut bien lui prêter. Pourquoi continuer
À noircir le tableau, craindre d'être troubadour ?
Le linge sale ne se lave pas aux nuées.

Audience privée

Au coin de l'âtre, je tiens
À garder le cap des quatre riens.
La vigie dissuade pourtant du grain de sel
Qui ne produit pas la moindre étincelle.

Amy d'office *

Dans une petite église d'Irlande,
Elle jette le premier trèfle.
En chœur, nous reprenons l'offrande,
Comme des enfants privés de nèfle.

Résistance

Juste après l'auberge, à l'entame du col
De la Cluse, un panda attrape le déclin.
La fée Bambou lui tend le vélo d'Éole ;
Il refuse de lésiner sur la sueur au moulin.

Séquelles

Tu te croyais riche de lui écrire,
Fine fleur de l'incarnation.
Elle se voyait pauvre à te lire,
Stigmate pour le cœur en lévitation.

Notre temps meurt du sien

Il prétend avoir le profil pour faire trace,
Sans juger utile de relever les empreintes
Des Anciens. La Victoire de Samothrace
Replie ses ailes. Cet avenir fait crainte.

Avis de regret

La fenêtre donne un coup de ciseaux,
Nous avons imprimé toutes les feuilles
De l'arbre. Un chat pleure les oiseaux,
Partis sans laisser d'adresse. Égayer le deuil ?

Le chant au corps *

La petite Janis approche cent peurs du micro,
Elle sait pouvoir compter sur sa voix.
Une torche allumée au cœur des crocs,
Nous nous redressons comme un loup de Savoie.

Lecture critique

Tu ne me calcules pas, une fois lu ;
Je suis pourtant un nombre impair.
Le papier réglé me semble vermoulu ;
Heureusement, nous ne ferons pas la paire.

Cran d'arrêt

Il cherche l'âme sœur,
Est-ce bien déraisonnable ?
Une lame se trouve dans son cœur,
Peut-elle être repliée à table ?

Baiser de marbre *

Je suis un homme perdu,
Pas la moindre muse pour me rattraper.
Si je ne m'abuse, seule une femme inconnue
À mon épitaphe pourra s'agripper.

Mistral perdant *

Le parasol de Mamy ne fait plus office
De totem au ventre de la plage.
Des nudistes sous la lune hérissent
Une vendeuse de pan-bagnat. Écumage.

Déprime de clash

Passablement énervé par la roulure
Des avènements : libre cours au vulgaire,
Un maître se ressent inutile. Et la tournure
Latine le juge, qui sait, passable de jadis et naguère.

Sotte d'humeur

L'amour d'un homme est toujours trop grand
Pour une femme. Que peut-elle comprendre
   Au sentiment massif et franc ?
Il ne saisit pas ce qu'elle veut prendre.

Sale attente

Au cabinet de radiologie, les gens
Se regardent en chiens d'ordonnance.
L'autre distille un poison qu'il est urgent
D'occulter. La guérison passe par l'indifférence.

Des cannes ont la pêche

Il neige sur le lac mineur. Les truites
Boivent la parole du ciel. Le peloton ébruite
La nouvelle. L'électricité est rayée des cadres,
Mais le poisson mordra à la poêle de *l'Escadre*.

Ombre portée

L'homme qui est devenu une île
En veut à la terre entière.
Froncer les sourcils
Ne peut allumer la lumière.

Salade niçoise *

Le gardien de but n'a pas attendu le penalty
Pour être pris d'angoisse. Un corps à l'attaque
A cueilli sa *petite fleur* dans le train de midi.
Télégramme de poisse. Victoire de L'Estaque.

Goupil aux mains roses

Une poule vole dans le pelage
D'un renard prisonnier du grillage.
Elle lui fait des points de suture ;
Il ouvre ses poings. Ligne d'aventure.

Le Nivolet me croit

À la vigueur de Chambéry, la montagne
Garde depuis 1960 la fenêtre de ma chambre.
Un piolet de prétentieux toujours elle m'épargne.
Viser le sommet est d'astreinte dans l'antichambre.

Forme rixe

Un crabe tient à me jouer du tambour,
Il trouve que je ne respecte pas la règle.
Quatre riens, j'écris encor et toujours ;
Mes nuits ne dérangent pas les aigles.

En cachette *

La librairie regorge de romans
Mais seul le coin poésie me parle
De la vie devant soi. Chaliand,
Cheng et Ray dans l'oreille pour Arles.

Triste allure *

Le galop n'est plus à l'essai sous l'arche ;
Un cheval martèle la Camargue.
Prendre le temps de vivre ? Tu te nargues.
Le trot mis au pas, les affaires marchent.

Ce qui l'étonne *

Le choix d'attendre demain
Pour partir la tête la première ;
Voilà ce qui l'étonne, le Coréen
Sur la piste de lumière.

Pauvre archétype

Désolé ma biche,
Je n'ai plus de sentiment à gaspiller.
Tu es assez riche,
Abstiens-toi mon cœur de piller.

Gros chagrin

Il se venge sur le corps
Du cœur laissé pour mort.
Vous pouvez vous fier à son apparence,
Elle a accumulé de la souffrance.

Lourde méprise

Tu es pris en défaut,
La femme peut être de qualité.
Tu seras trié sur la faux
Pour reconnaître qu'elle sait aimer.

Autel de ville *

Une jolie blonde s'attarde sous la voûte ;
Nous ne sommes plus des anges. Elle écoute
Vingt-huit ans de pénitence, avec amour.
Le temps est venu de fusionner, nuit et jour.

Je ferme les yeux pour cette foi

Tu as su mourir avec le temps
Que la vie t'a offert. Ta valise
A oublié de devenir légère. L'agent
De la consigne ne t'en tient pas balise.

Transmission sous la dernière averse

Tracer la route t'incombe désormais. Petit
N'est pas ton talent, mais tu seras grand
De retenir la leçon des neiges d'antan. Le yéti
Te trouverait abominable, dépourvu de ce cran.

La voiture de l'angoisse *

Maladie d'enfance. Papa docteur klaxonne.
À la fenêtre de Maman, nous obéissons. Lesson
Of friday. Déni d'apprendre cette langue étrangère.
Chancel, d'une radioscopie imposée, nous libère.

Formules lapidaires

Amy d'office

Une voix immense comme autant d'éclats de souffrance. Amy Winehouse a bien mérité de reposer en paix.

Le chant au corps

Les larmes sont des perles de flamme. Janis Joplin nous prend aux tripes, tout le reste se dissipe.

Baiser de marbre

Dans l'ordre de mes disparitions : Catherine, Dominique, Valérie, Olivia, Émilie.

Mistral perdant

Il était poivré comme le rhum des Antilles l'été où « *la Vague* » de Six-Fours écumait : « *Deux frites dont une sans sel* ».
Le groupe *Martin Circus*, revenu du Sénégal, voulait s'éclater en pédalo...

Salade niçoise

Sur son triporteur et pour remonter le moral de Mario David dans les vestiaires, Darry Cowl donnait dans l'humour peu ordinaire... *Petit canaillou !*

En cachette

C'est un choix qui me procure une immense joie :
Gérard Chaliand, *Feu nomade*, nrf – Poésie / Gallimard
Lionel Ray, *Souvenirs de la maison du temps*, nrf - Gallimard
François Cheng, *Enfin le royaume*, quatrains, nrf - Gallimard.

Triste allure

Aux Quatre temps, tonton Michel, Claire, Tino puis Bubu et Ramona courent à la dépense des saisons.

Ce qui l'étonne

Yun Sung-bin, premier Asiatique champion olympique de skeleton...

Autel de ville

Samedi 30 juin 1990, à deux glas de la cathédrale, je ne franchis pas le premier « bonjour ». Elle engage pourtant à tout.
Ça me dit 30 juin 2018, se peut-il que ce « petit ange blond », qu'Ingrid Bergman annonçait à la cime de l'inclination, secoue ma geste en lambeaux ? Seul ce souhait me remet en flambeau. Et je sais qu'elle sait que nos âmes sont sœurs, qu'il nous est donné de porter la même montre de luxe, remontée depuis toujours et à jamais par notre rencontre de luz.

La voiture de l'angoisse

1965. Abandon du domicile conjugal. Pardonne-nous, père, si toutes tes ordonnances nous rendent sévères. C'est l'étendue des dégâts dont tu auras à témoigner dans l'au-delà.

20 août 2017. Nous apprenons ce dimanche matin ce que nous redoutions depuis de longues années : la leucémie a emporté Papa.

Qui c'est celui-là ?

Eh bien, il est né Pascal,
de Jacqueline et Stéphane,
le 16 juin 1957 à Paris (17ème).

Il a vu vert, d'autant que l'association sportive
de Saint-Étienne remportait alors son premier titre
de champion de France de football.

Il n'a pas fait exception à la règle de droit,
en prenant une licence à l'Université de Savoie

et, pour son bonheur aussi, en servant sous le drapeau
du 35ème Régiment d'Infanterie à Belfort.

Il est devenu gaillard en documentation :
capésien sur le tard.

Il adore vivre à Chambéry et, sur son fidèle Bianchi,
continue de rouler à l'eau claire, seul ou distancé
par son frère Philippe et son neveu Samuel.

Un ermitage au col de la Cluse

Si je ne m'abuse

36 « quatre riens »	9 - 44
Formules lapidaires	47 - 50
Qui c'est celui-là ?	51 - 53

Tour de plume : au commencement de 2018, dans *« une petite ville au monde où l'on goûte la douceur de la vie »*... Foi de Rousseau.

Éditeur : BoD - Books on Demand,
12/14 rond-point des Champs-Élysées,
75008 Paris, France

Impression : BoD - Books on Demand,
Norderstedt, Allemagne

ISBN : 9782322120222

Dépôt légal : avril 2018